LES VENDÉENS

A FONTENAY.

PAR B. FILLON.

FONTENAY,

NAIRIÈRE-FONTAINE, ÉDITEUR.

1847.

LES VENDÉENS

A FONTENAY.

Par B. FILLON.

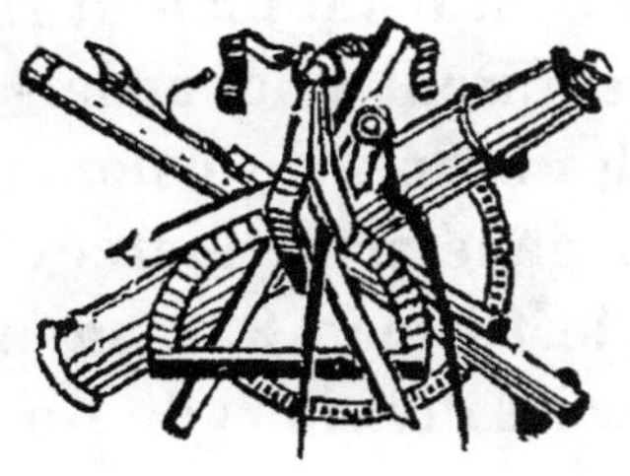

NANTES,

IMPRIMERIE DE CH. GAILMARD, RUE DE GUÉRANDE, 3.

1847.

LES VENDÉENS

A FONTENAY.

Les Vendéens, réunis sous le nom d'*armée chré-tienne* [1], et commandés par des paysans et quelques gentilshommes, avaient chassé tout ce qui s'opposait à leur passage, et menaçaient les villes importantes voisines de leur centre d'action. Fontenay, auquel le rassemblement des environs de Chantonnay inspirait des inquiétudes, fit un appel aux citoyens du département et de celui des Deux-Sèvres. Il fut bientôt rempli de gardes nationaux, qui se rendirent au quartier-général de Saint-Hermant, sous les ordres du colonel J.-L. Fillon, renforcer l'armée du général de Marcé, dont l'imprudence les fit mettre, le 19 mars 93, en pleine déroute au Pont-Charron, par les divisions de Royrand et de Baudry-d'Asson. Les fuyards, arrivés dans la nuit, apprirent les résultats de cette funeste affaire, et annoncèrent que Marcé, les conventionnels Auguis et Carra, dirigeaient les troupes sur La Rochelle, et qu'ainsi la ville était sans défense. Plusieurs membres du département et du district, épouvantés, voulurent se sauver à Niort, mais Cavoleau et Biaille-Germon [2] représen-

[1] Les Vendéens ne prirent que plus tard le nom d'armée *catholique et royale*.

[2] Cavoleau, président du directoire du département, et Biaille-Germon, maire de Fontenay.

tèrent que le poste des administrateurs était au lieu du péril. Le maire convoqua ses collègues, à trois heures du matin, et fit décider qu'il fallait « travailler à la sûreté générale, et à la conservation du dépôt sacré qui leur était confié. » Il demanda ensuite au directoire la permission de mettre en sûreté les quarante prisonniers politiques, détenus à l'Union-Chrétienne, et de les placer dans la maison Garos [1]; puis il ordonna au colonel de la garde nationale, qui était de retour, d'assembler ses hommes. Celui-ci reconnut avec désespoir que les troupes venues au secours de la ville et la plus grande partie des habitants avaient pris la fuite, et que le bataillon de Rochefort, commandé par le citoyen Guillot, restait seul. Ne pouvant disposer de plus de cent cinquante hommes, il fit savoir à Cavoleau qu'il lui était impossible de résister, s'il était attaqué. On se décida alors à expédier à Niort les caisses publiques et les papiers du département et du district; mais la majorité des administrateurs demeura à son poste.

La municipalité resta tout entière. Indignés de la lâcheté de ceux qui prenaient la fuite, Beurrey-Châteauroux et Mallet [2] vinrent s'asseoir au milieu d'elle et partager ses dangers. A l'instant même arriva des Deux-Sèvres, le commandant Piet, suivi d'un détachement, qui offrit de garder le Pont-Neuf pendant la nuit, ou de le couper, et apprit au maire que les patriotes de Niort se disposaient à venir au secours de leurs frères de Fontenay. Fort de cet espoir de salut,

---

[1] Ancien local de l'administration supérieure dans le Puy-Saint-Martin. M. Cougnaud, père, alors secrétaire-général du département, m'a fourni plusieurs renseignements utiles à la rédaction de cet article.

[2] Membres du département.

Biaille-Germon enjoignit à tous les citoyens valides de se tenir prêts au premier appel, et défendit, sous peine de mort, d'emporter ses armes.

La nuit du 20 au 21, fut douloureuse à passer : les fausses alarmes, les bruits mensongers apportés à tout moment à la municipalité, lui donnaient de vives inquiétudes. Le matin, elle vit retourner les fuyards, honteux de leur faiblesse de la veille, et quelques heures après des secours arrivaient de Niort. Sur l'heure, le maire fit mettre en liberté une partie des suspects, qui pouvaient avoir à souffrir de la part des nouveaux venus, exaspérés des revers des républicains. En effet, le 22, on vit entrer en ville des Marseillais et des volontaires de Bordeaux, qui se portèrent le soir à la maison d'arrêt et se mirent en devoir d'enfoncer les fermetures. Les détenus allaient être impitoyablement massacrés, si Cavoleau, ceignant son écharpe tricolore, ne se fut jeté, seul, au-devant de ces furieux. Repoussé d'abord, il se cramponne à la porte, s'écrie qu'il faudra passer sur son corps avant de pénétrer jusqu'aux prisonniers, et parvient, après des efforts inouïs, à accomplir sa noble action.

Cependant des forces considérables arrivaient tous les jours, par les soins et sur les ordres de Goupilleau (de Fontenay), commissaire de la convention dans l'Indre-et-Loire. Le 25, les représentants Carra et Auguis, et les généraux Beaufranchet-Dayat, Chalbos et Nouvion vinrent les organiser, et relever le moral de la population, qui n'était pas encore bien revenue de ses paniques passées [1]. Carra publia une proclamation dont l'effet

---

[1] Le 2 avril, Bernard, Guimberteau et deux autres conventionnels arrivèrent également à Fontenay.

fut bon ; l'on désarma les indifférents, et la cocarde tricolore devint de rigueur pour les citoyens, sans distinction.

La venue des conventionnels fut fatale aux suspects mis en liberté. Ils se hâtèrent de les faire incarcérer de nouveau et juger les rebelles faits prisonniers, dont les sentences ne purent être exécutées de suite, parce que les Sables ayant réclamé la machine à décapiter, on fut forcé de demander celle de Niort, qui fonctionnait à Saint-Maixent. Le conseil départemental des Deux-Sèvres répondit que l'instrument était *occupé; mais que, pour tout concilier, on allait en fabriquer cinq.* Ces tristes préparatifs marchaient de front avec la création d'un hôpital militaire ouvert, le 6 avril, dans le couvent des Lazaristes. Les citoyens fournirent les meubles nécessaires.

On avait compris, depuis les terreurs du 20 mars, qu'il était urgent de mettre Fontenay à l'abri d'un coup de main. Le 15 avril, Auguis fit adopter l'avis de faire relever les murs de ville, abattus depuis la loi qui prononçait la suspension des droits d'entrée, de rétablir les barrières, de relever les fossés de la partie du midi, et de murer les issues des maisons particulières ou des jardins, qui communiquaient avec la campagne. Le 2 mai, on compléta ces premiers travaux, en demandant au citoyen Champion-Bretonnière un plan de fortifications. Il proposa d'établir des redoutes aux moulins Gaillardon et à la Ragoiserie, et des lignes garnies d'escarpes et de contrescarpes aux moulins Morienne, à Saint-Thomas et à Haute-Roche. On n'exécuta que le premier de ces ouvrages, qui fut à peu près achevé au bout d'une quinzaine, et se trouva prêt au moment de l'attaque du 16, qui suivit divers avantages remportés par les Vendéens.

Le 13, ils étaient entrés à la Châteigneraye, et avaient repoussé les républicains jusqu'à Pissotte, après un combat de deux heures, qui enleva quatre cents hommes à ces derniers. L'armée, en se repliant sur Fontenay, détruisit les espérances conçues précédemment. Le département expédia aussitôt des courriers demander du renfort, et les citoyens Fillon l'aîné et Boutheron acceptèrent la mission périlleuse de traverser toute la Vendée, pour aller à Nantes réclamer de l'artillerie et de la poudre. Un conseil de guerre, composé des généraux Chalbos et Beaufranchet-Dayat; du chef d'état-major Nouvion; Angimaud, capitaine de gendarmerie; Grenier, id; Fillon, colonel de la garde nationale; Faure, chef de bataillon; Devergne, capitaine; Baillies-Dambarède, commissaire des guerres, et Robert jeune, capitaine d'artillerie, s'assembla, le 14, et décida que, vu l'insuffisance des moyens, l'armée se replierait sur Niort et divers autres points, et que les forces de Luçon se concentreraient le plus possible. Cette détermination, communiquée au directoire du département, l'engagea à ordonner d'envoyer les caisses et papiers à Niort [1], et à arrêter, en même temps, qu'il ne sortirait de Fontenay que lorsque l'ennemi s'en emparerait.

A la nouvelle de la déroute de la Châtaigneraye, Auguis, qui était à organiser l'armée de Saint-Maixent, se mit en marche, et arriva en ville à la tête de quatre mille hommes au moment où l'on préparait l'évacuation. Dès le 15, les Vendéens menacèrent d'une

---

[1] Les Sables offrirent une retraite aux administrations.

attaque, mais ce ne fut que le lendemain qu'ils se présentèrent, en deux colonnes, sur la route de la Châtaigneraye. Comme Auguis et Beaufranchet-Dayat étaient partis le matin pour Luçon, Chalbos, averti par un nommé Ancelin, disposa son armée de manière à couvrir la ville sur tous les points pénétrables. Il mit aux ordres de l'adjudant-général Sandos l'infanterie du centre, confia celle de l'aîle droite au capitaine Dufour, et se plaça lui-même à la tête de la cavalerie, dont il donna deux escadrons à Nouvion. Les Vendéens, protégés de leur artillerie, se répandirent dans la plaine et repoussèrent les premiers efforts des républicains ; mais, pris en flanc par toute la cavalerie, ils furent culbutés, et perdirent plus de deux cents des leurs. Nouvion et les jeunes frères Faucher, qui commençaient ensemble la brillante carrière qu'ils devaient terminer, en se donnant la main, sous les balles de la restauration, se conduisirent dans cette charge avec le plus grand sang-froid, et contribuèrent beaucoup au succès. Sandos et son infanterie secondèrent bravement le mouvement du général, qui se porta ventre à terre sur les Vendéens ébranlés et acheva la déroute. On poursuivit les fuyards jusqu'à Baguenard, et on ne rentra qu'à sept heures du soir. Chalbos prit, dans cette journée, vingt-cinq pièces de canon, au nombre desquelles était la fameuse *Marie-Jeanne* [1], des caissons,

---

[1] Marie-Jeanne était une pièce de douze en bronze, provenant du château de Richelieu, dont elle portait les armes. Elle était fort longue et chargée de beaux ornements, au milieu desquels on distinguait une image de la Vierge. Cette circonstance la fit prendre en vénération par les Vendéens. Goupilleau (de Montaigu) prétend, dans une lettre du 23 mai, que Marie-Jeanne était un canon de huit. — Il dit aussi que le nombre des pièces prises était de trente-deux, dont trois de quatre aux armes d'Angleterre.

soixante paires de bœufs et une cinquantaine de voitures chargées de munitions et de vivres. La perte totale des Vendéens s'éleva environ à quatre cents morts ou blessés [1]. Celle des républicains ne fut que de dix morts et quelques blessés.

Les royalistes [2] firent peu de résistance dans cette rencontre, malgré l'intrépidité de leurs commandants. D'Elbée fut blessé au fort de la mêlée; Henri de La Rochejacquelein, qui dirigeait l'aile droite, résista avec un rare courage, et n'abandonna le champ de bataille que pour aider Cathelineau et Lescure à protéger la retraite. Levieil de la Marsonnière fut pris avec deux cents hommes. Les généraux n'eurent pas le pouvoir d'arrêter la fuite, et, à la fin de la journée, il ne restait pas un Vendéen auprès d'eux. Le caractère de ces soldats improvisés se révélait tout entier dans cette conduite : admirables au premier choc, ils n'avaient nulle entente de la guerre régulière, et l'indépendance complète de leurs chefs portait obstacle aux entreprises de longue haleine.

La cause première des défaites des républicains tenait à une raison de même genre. Chaque administration ne voyait que son territoire, ne se préoccupait que des dangers éventuels qui pouvaient l'assaillir. Les représentants envoyés en mission près des côtes de La

---

[1] Chiffre des chefs vendéens. Selon Mercier du Rocher, qui fit, dit-il, compter les morts, il n'y eut qu'une centaine de Vendéens de tués. — Les républicains disent six cents morts, sans compter les blessés. — Le nombre si minime des patriotes morts est très-exact, puisqu'il est extrait des registres mortuaires. La fureur des soldats mis à la poursuite des Vendéens était telle, que quelques-uns rentrèrent avec des *chapelets d'oreilles*.

[2] Les Vendéens n'entrèrent point dans les faubourgs, comme on l'a dit à tort.

Rochelle, et le reste de la députation de la Vendée, accusaient surtout Niort et Poitiers de cette conduite, et signalaient la négligence des généraux appelés successivement à y résider. Le désordre incroyable des services ajoutait encore aux embarras de la situation, que compliquait la multiplicité des ordres. La présence des commissaires de la convention pouvait aussi être parfois utile, mais les pouvoirs illimités qu'avait chacun d'eux, le défaut de hiérarchie et leur intervention dans les plans de campagnes, menaient forcément à la confusion.

La victoire du 16 endormit l'activité des généraux républicains. Ils crurent avoir battu définitivement les Vendéens, et ne prévirent nullement leurs projets ultérieurs. Beaufranchet-Dayat, qui avait une armée disséminée sur un territoire de vingt lieues, la laissa dans cette position, quoique ses collègues ne fussent pas de cet avis, et ne prit que des mesures insignifiantes. Le 20, Chalbos se porta, à la tête de sept mille hommes d'infanterie, de cent cinquante cavaliers et de neuf pièces de quatre, sur La Châtaigneraye, où les royalistes étaient rentrés en assez petit nombre, et les repoussa jusqu'à deux lieues du bourg [1]. Ces succès furent de courte durée : Cathelineau, Lescure, Bonchamp et La Rochejacquelein firent un nouvel appel au dévouement de leurs soldats, leur annoncèrent

[1] Les généraux vendéens firent circuler ce mensonger bulletin, que je copie textuellement sur l'original : « *Nos gens de Fontenay ont été poursuivi par l'elnemi jusqu'à la Chateignerès : alors les quinze mille homme instruits de la proche de l'elnemi ont évacué cette ville, et ont fint de prendre la fuite. L'elnemi y est entré au nombre de quinze cent, alors les notres les ont cernés et remporté une victoire complette, et pris neuf canon et Marie-Jeanne qu'ils nous avaient pris à Fontenay.* »
(*Papiers Goupilleau.*)

que tout le pays entre Niort et Fontenay était sou-
levé en leur faveur, que la convention avait peine à
résister contre ses ennemis, et que Dumouriez mar-
chait sur Paris avec cent mille hommes [1]. Les Vendéens,
pleins d'enthousiasme à ces paroles, ressaisissent leurs
armes, obligent, le 24, les bleus à évacuer la Châtaigneraye, et dirigent de nouveau leur marche vers Fontenay.

Le 25, à cinq heures du matin, Chalbos déboucha
dans les plaines de Pissotte, traînant à sa suite cinq
mille hommes harassés par une marche pénible, et
découragés par l'ordre imprudent qu'avaient donné
Beaufranchet et Goupilleau (de Montaigu) d'envoyer
deux mille cinq cents de leurs compagnons à la Motte-
Achard. Des conventionnels Goupilleau (de Montaigu),
Goupilleau (de Fontenay), Garnier (de Saintes),
Auguis, Jard-Panvillier et Lecointe-Puyraveau, réunis
la veille, il ne restait en ville que les trois premiers,
disposant à peine de mille hommes de troupe réglée
et de quatre cents gardes nationaux.

Les habitants, que le souvenir de l'affaire précédente
rassurait, n'avaient pas grande crainte d'être forcés,
et se préparaient gaiement à *frotter les brigands* [2].

[1] Correspondance autographe des chefs vendéens.

(Papiers Goupilleau.)

[2] L'adjudant-général Duval écrivit de Parthenay, le 25, que le général
Leigonier venait de l'informer que les Vendéens préparaient une autre
tentative sur Fontenay. Sa lettre arriva trop tard.

Fontenay-le-Peuple, le 25 mai 1793.

« Nous allâmes hier, mon cher Maignen, à la Châtaigneraye,
Goupilleau (de Fontenay), Garnier et moi. Notre dessein était d'y
passer l'armée en revue, et de l'engager à la persévérance, jusqu'à
l'arrivée des forces qui sont en marche, et qui arrivent tous les jours.
Nous sûmes que les soldats avaient passé la nuit au bivouac : pour ne

A une heure après midi, les Vendéens envahissent Pissotte, au nombre de seize ou dix-huit mille, tandis que d'autres colonnes plus faibles arrivaient par les Essores et la Balingue. Chalbos range en bataille sa petite

pas les fatiguer encore, nous nous contentâmes de visiter tous les postes, que nous trouvâmes dans la plus grande activité. Tous nous parurent dans les meilleures dispositions et pleins de confiance dans le général Chalbos, qui la mérite bien.

» Ce général nous démontra facilement que le poste de la Châtaigneraye n'était pas tenable avec aussi peu de forces qu'il en avait ; qu'il courait les plus grands risques d'être coupé, surtout du côté de Fontenay, d'où il tirait toutes ses subsistances, et que, dans le cas de ce fâcheux événement, l'ennemi était maître de s'emparer, quand il le voudrait, de Fontenay, où sont tous les magasins.

» Du haut des rochers qui sont autour de la Châtaigneraye, nous distinguions, sur les rochers opposés, les postes des brigands. Nous savions qu'ils s'étaient réunis en grand nombre à Mouilleron, à Cheffois, à Réaumur et à Pouzauges, et qu'ils envoyaient de forts détachements, pour cerner la Châtaigneraye de droite et de gauche.

» Ce fut dans cette inquiétante position que nous laissâmes le brave Chalbos, et non sans crainte d'être enveloppés dans notre route par quelque patrouille de brigands. Mais il fallait nous rendre à Fontenay.

» Nous trouvâmes en chemin un courrier du ministre de la guerre qui portait à Chalbos les provisions de général divisionnaire. C'est une justice qu'on lui a faite, et que reconnaît Dayat, en se la faisant à lui-même.

» Ce matin, à six heures, nous avons vu arriver ici toute l'armée de la Châtaigneraye, avec ses bagages et ses munitions. Elle n'a rien laissé derrière elle, qui puisse profiter à l'ennemi. Chalbos avait reçu des avis si multipliés et si certains, qu'il se crut obligé d'assembler un conseil de guerre qui a été unanimement d'avis de l'évacuation.

» Je regarde cette retraite comme une victoire, comme l'événement le plus avantageux qui pût nous arriver. *Ici, nous ne courons présentement aucun risque pour nos magasins. L'ennemi, sans canons, ne peut nous attaquer, et s'il le faisait, il s'en repentirait encore.* Nos forces augmentent. Hier, est arrivé un détachement du bataillon du Loiret, et ce matin, un de la Dordogne. D'autres, nous arriveront successivement et sous peu de temps ; nous nous mettrons alors en marche pour exterminer ces scélérats, après avoir combiné tous nos plans avec la commis-

armée [1], qu'il appuie d'un côté sur la redoute des moulins Morienne et de l'autre sur la Croix-du-Camp. Les royalistes hésitent d'abord à suivre Lescure, qui marche le premier, et se jettent à genoux devant une croix de mission plantée sur leur passage. « Laissez-les prier ! crie leur général, à ceux qui veulent les faire relever, laissez-les prier ! ils ne s'en battront que mieux. » En effet, ils commencent aussitôt le combat. Bonchamps, suivi de l'aîle droite, Cathelineau et d'Elbée, du centre, La Rochejaquelein et Dommaigné, de la cavalerie, les imitent, et l'engagement devient général. Les braves chasseurs de la Gironde et les volontaires de Montpellier et de Toulouse opposent une résistance terrible : ils sont hachés à leur poste, accablés sous le nombre et foudroyés par l'artillerie de Marigny. La victoire était encore indécise, quand un bataillon de volontaires du second rang du centre lâche pied. Goupilleau (de Montaigu) et Chalbos s'efforcent de les arrêter, au milieu des balles tirées par ces misérables, qui déchargent au hasard leurs fusils et les jettent dans les sillons. L'un d'eux blesse le représentant, au moment où il lui met l'épée sur la gorge pour le faire avancer. Les gendarmes

sion centrale de Saumur et les généraux. N'ayez aucune inquiétude ; j'espère que bientôt nous serons débarrassés de cette infernale guerre...

» Ph.-Ch.-Aim. GOUPILLEAU (de Montaigu). »

« *P. S.* Il était temps d'évacuer la Châtaigneraye. Une demi-heure après, l'ennemi s'était rendu maître d'Antigny et des points intermédiaires que nous occupions. »

[1] L'armée de Chalbos se composait de six mille hommes de troupes réglées, et de quatre cents gardes nationaux. Les royalistes étaient à peu près de vingt à vingt-cinq mille.

nationaux n'écoutent plus Garnier (de Saintes); sous prétexte de rallier les fuyards, ils passent au galop sur le corps de l'infanterie, achèvent la déroute et ne s'arrêtent qu'à Oulmes, à trois lieues de Fontenay [1].

[1] Lettre de Goupilleau (de Montaigu), écrite le 27 à Maignen.

Niort, 27 mai 1793.

« J'étais occupé, jeudi, mon cher Maignen, à vous rendre compte du voyage que j'avais fait à la Châtaigneraye, de la position critique de Chalbos et de sa prudente évacuation, la nuit qui a suivi notre départ, lorsqu'à midi, j'entendis la générale. Je laissai ma lettre à moitié écrite, et je fus bientôt à cheval. Je me portai sur le chemin de la Châtaigneraye, au-dessous de Pissotte, où nos troupes arrivèrent successivement.

» Je ne tardai pas à voir les ennemis au-dessus de Pissotte ; ils s'avançaient à la faveur des bois. A peine notre armée était disposée en ordre de bataille, et après quelques coups de canons, que je les vis défiler, selon leur usage, par trois colonnes ; ils me parurent très-nombreux. La colonne du centre que nous lui opposâmes, avait plus d'artillerie que celles de droite et de gauche, et pendant quelque temps le feu fut assez continu.

» L'ennemi avançait toujours ; une forte cavalerie venait à nous, sur la gauche, où j'étais avec le général Chalbos. Il était une heure et demie. La fusillade commença de notre côté ; le centre suivit et la canonnade cessa de se faire entendre. Le feu ne se rallentissait pas cependant, quand j'aperçus un tiers du bataillon de volontaires de je ne sais quel endroit, qu'on avait mis en seconde ligne, au centre, lâcher pied. Je m'y portai aussitôt avec le général Chalbos, pour les faire reprendre leur rang, et je courus les plus grands dangers. Les lâches déchargeaient leurs fusils, qu'ils jetaient ensuite dans les sillons ; de sorte que je me trouvai au milieu d'une grêle de balles. L'un d'eux, sur la gorge duquel je mis mon épée pour le faire retourner, ramassa son arme et faillit me percer de sa bayonnette.

» Cette lâcheté abominable n'était rien encore. Elle ne fut que le prélude de celle de la gendarmerie, qui, du centre et de la gauche, sous prétexte de rallier les volontaires, prit la fuite au grand galop, et laissa notre infanterie aux prises avec l'ennemi. La déroute devint générale malgré tous nos efforts, et il ne fut possible d'arrêter les troupes et d'obtenir d'elles de marcher au pas qu'à Oulmes, à trois lieues de Fontenay.

» La convention ne peut faire de reproches aux généraux, car ils se

Les débris des bataillons du Midi résistent toujours, et permettent à la garde nationale, qui vient de perdre, près de Gourfailles, le colonel Fillon, de faire retraite. Mais il n'y avait plus de résistance possible : tout recule en combattant; les Vendéens inondent la ville, et le porte-drapeau Fesque [1], couvert de blessures, acculé à la muraille de la barrière de Niort, défend long-temps son précieux fardeau, et tombe en criant : *Vive la nation !*

Les républicains étaient à peine entrés dans Fontenay, que déjà la colonne de Balingue leur barrait le passage. Toute chance de succès étant devenue impossible, trois

sont parfaitement comportés; leurs dispositions étaient bien prises, et, si la cavalerie eût voulu tenir un demi-quart d'heure, nous remportions la victoire. Je vis un instant le centre de l'ennemi plier de quarante pas.

» Mes collègues, Goupilleau (de Fontenay) et Garnier, ont, ainsi que moi, failli être pris ou tués. Nous nous sommes portés partout, mais nos efforts ont été vains.

» Nous ne savons pas ce que nous avons perdu; notre fuite a été trop précipitée. Je ne crois pas, toutefois, que le nombre en soit considé-dérable; une grande partie s'est portée ici, d'autres à Marans, et il nous en arrive à toute minute.

» Cette déroute est fâcheuse, sans doute; elle nous recule; elle donne de l'audace à l'ennemi, mais n'est pas désespérante. Que de bonnes troupes nous arrivent, et nous aurons bientôt notre revanche. Déjà, il nous en vient. Nous sommes déterminés à périr ici, plutôt que de faire retraite. Nous avons pris nos dispositions pour nous y défendre, jusqu'à ce que nous soyons en mesure pour attaquer. Pourquoi la convention a-t-elle tardé à nous envoyer les forces promises depuis si long-temps? Je le demande au comité de salut public.

» Ph.-Ch.-Aim. Goupilleau (de Montaigu). »

[1] Jean-Baptiste Fesque, gantier, porte-drapeau de la garde nationale de Fontenay, était né le 24 mars 1739, dans la paroisse de Saint-Etienne-la-Grande-Eglise, à Rouen. Il laissa en mourant une veuve et un enfant en bas âge sans ressources, auxquels la convention donna une pension.

millé deux cent cinquante posèrent les armes. Tandis qu'ils se rendaient, un soldat blessa Bonchamps d'un coup de feu [1]. Ce fut le signal d'un massacre autour de la place, que Lescure [2] eut beaucoup de peine à arrêter. Sur les deux heures et demie, les vainqueurs étaient entièrement maîtres de la ville, abandonnée de presque tous les hommes de la population, qui faisaient retraite, à l'exemple des administrations du département et du district, protégés par le courage des Toulousains et de quelques gendarmes qui firent volte-face près de la Maladrerie. Cavoleau, toujours admirable de courage civil, et Beurrey-Châteauroux allèrent seuls siéger dans le sein de la municipalité, que Biaille-Germon tenait en permanence, et se transportèrent près des chefs, afin de les prier de sauver Fontenay du pillage.

Les Vendéens eurent pour prix de leur victoire, cinq mille fusils, des vivres en quantité, une trentaine de canons, et Marie-Jeanne, que Forêt et Loizeau enlevèrent près de Grange. L'entrée de la précieuse relique causa une joie impossible à décrire. On se jetait à genoux sur son passage, on la couvrait de rubans et de fleurs; on la déposa ensuite dans l'église Notre-Dame. Lescure délivra La Marsonnière et les prisonniers faits au précédent combat [3].

---

[1] En partant de Fontenay, Bonchamps fut transporté à Landebaudière, près Tiffauges. Il fut soigné à Fontenay par le docteur Chupin.

[2] M. Pichard du Page père, témoin oculaire, m'a raconté un beau trait de Lescure. Ce chef entrait dans Fontenay, par la rue de la Tuée, lorsqu'un soldat tira sur lui à bout portant. Lescure se retourna et lui dit : « Sauve-toi, imbécile, tu vas te faire tuer. »

[3] Les jugements de ces prisonniers n'étaient pas encore prononcés. Les Vendéens brûlèrent le bois de la guillotine, mais ne purent trouver le couteau.

Les historiens royalistes qui ont écrit dans ces derniers temps, ont exagéré les chiffres que je donne. Les miens ont cependant le mérite d'être extraits d'une volumineuse correspondance autographe des chefs vendéens qui assistaient à l'action : ils devaient donc être bien renseignés Quant aux pertes réciproques, le compte original des fossoyeurs qui enterrèrent les républicains, fait monter la leur à soixante-quatre morts [1]. J'ignore quelle fut celle des royalistes. Une lettre de Sapinaud de la Vérie, qui n'était pas présent, dit dix-sept morts et soixante-cinq blessés.

De nombreux rapports du temps prouvent que les Vendéens avaient des agents secrets à Fontenay, et qu'ils savaient ce qui s'y passait [2]. Je ne veux point évoquer de tristes souvenirs et je tairai les noms des traitres, qui cachaient leurs noirs projets sous des dehors patriotiques. Mille fois plus coupables que ceux qui avaient ouvertement levé l'étendard, qu'ils étaient trop lâches pour imiter, ils préparaient sourdement les moyens de perdre la cause qu'ils semblaient servir. Je livre ces réflexions aux honnêtes gens de tous les partis.

Les chefs vendéens allèrent descendre chez MM. Grimouard de Saint-Laurent et Charlot. Le 26 au matin, ils tinrent conseil dans la maison du premier [3]. Voici les

[1] Les citoyens Biaille-Germon et Brunetière présidèrent à cette cérémonie.

Dans les soixante-quatre morts, je ne compte pas ceux qui furent massacrés près de la place.

[2] On tira un coup de feu sur Nouvion, d'une fenêtre de la Grande-Rue, et des billets de logement étaient préparés pour les Vendéens, dès l'affaire du 16.

[3] Cette maison est occupée actuellement par M. A. Brisson, banquier. C'est l'ancien prieuré de Saint-Hilaire. La maison Charlot est située sur la grande route, et habitée par M. le président Arnaud.

2

noms de ceux qui y assistèrent : Cathelineau, Lescure, d'Elbée, Bonchamps, Stofflet, Henri de La Rochejaquelein, Marigny, des Essarts, Donnissan, l'abbé Bernier, Duhoux d'Hauterive, Verteuil, Baudry du Plessys, Villeneuve, Fleuriot, de Richeteau, Levieil de la Mar-Carrière, Dommaigné, Bréchard aîné, Berrard, Desonnière, de la Ville-Baugé, Daumaillé, de Marsange, Langlois, Dehargues, La Verrière, payeur-général, les abbés Stuart-Ferré, Brin, Jagault et Barbotin. Ils expédièrent un courrier à Chalbos, chargé de le prévenir qu'ils iraient dîner le lendemain à Niort, et ils décidèrent l'organisation d'un conseil supérieur, qui ne fut définitivement constitué qu'à Châtillon. On le composa de Lemaignan, Bourasseau, Michelin, de la Rochefoucault, Bodi, Bernier, Brin et Bréchard. Le prétendu évêque d'Agra, Guyot de Folleville, en fut élu président quelques jours après, des Essarts père, vice-président, Carrière, procureur-général, de Beauvalliers aîné, trésorier, et Jagault, secrétaire. Depuis, on y fit entrer plusieurs autres personnes. Avant de se séparer, on donna le commandement de Fontenay à Stofflet, et l'on chargea Bernier et des Essarts fils de rédiger une proclamation qu'ils soumirent le soir à l'assemblée. Le lendemain, elle fut affichée et publiée.

« Au nom de Sa Majesté très-chrétienne Louis XVII, roi de France et de Navarre, de la part de tous les chefs des armées catholiques et royalistes.

ADRESSE AUX FRANÇAIS.

» Le ciel se déclare pour la plus sainte et la plus juste cause. Le signe sacré de la croix de Jésus-Christ et l'étendard royal l'emportent de toutes parts sur les drapeaux sanglants de l'anarchie. Maîtres des cœurs et des opinions, plus encore que des villes et des hameaux, qui nous donnent les doux noms de pères et de libérateurs, c'est maintenant que nous croyons devoir proclamer hautement nos projets et le but de nos communs efforts. Nous connaissons le vœu de la France : il est le nôtre. C'est de recouvrer et de conserver à jamais notre sainte religion catholique, apostolique et romaine ; c'est d'avoir un roi qui nous serve de père au-dedans et de protecteur au-dehors ; et c'est nous qu'on appelle des brigands sanguinaires, nous, qui, fidèles à nos principes de religion et d'humanité, avons toujours aimé à rendre le bien pour le mal, à épargner le sang de ceux qui versaient à grands flots celui de nos frères, de nos parents et de nos amis ! Que la conduite de ceux qui se disent patriotes, soit mise en parallèle avec la nôtre : ils égorgeaient nos prisonniers au nom de la loi, et nous avons sauvé les leurs, au nom de la religion et de l'humanité ! A Bressuire, ils ont coupé par lambeaux des hommes qu'ils avaient pris sans armes pour la plupart, tandis que nous traitions comme des frères ceux d'entre eux que nous avions pris tous les armes à la main. Tandis qu'eux-mêmes pillaient ou incendiaient nos maisons, nous faisions respecter de tout notre pouvoir leurs personnes et leurs biens ; et si, malgré tous nos efforts, quelques dégâts ont été commis dans les villes que nous avons reconquises, pour notre bon roi, Sa Majesté très-chrétienne Louis XVII, nous en avons gémi et pleuré amèrement : nous avons punis avec la plus éclatante sévérité les désordres que nous n'avions pu prévenir. C'est un engagement formel

que nous avons contracté en prenant les armes, et
que nous remplirons au péril de notre vie; aussi la
France va être désabusée sur les mensonges aussi
impudents que perfides et absurdes de nos ennemis.
Que dis-je? elle l'est depuis longtemps: Notre conduite
à Thouars est connue : cette ville prise d'assaut comme
presque toutes celles où nous sommes entrés jusqu'à
ce jour, puisque deux mille soldats de l'armée catholique avaient pénétré par la brèche, lorsque l'ennemi
capitula, est un exemple frappant de notre douceur
et de notre modération. Patriotes, nos ennemis, que
nous opposerez-vous encore? Vous nous accusez de
bouleverser notre patrie par la rébellion, et c'est vous,
qui, sapant à la fois tous les principes de l'ordre
religieux et politique, avez les premiers proclamé que
l'insurrection est le plus saint des devoirs; et d'après
ce principe, qui nous justifierait à vos yeux, si la plus
juste cause avait besoin d'être justifiée, vous avez
introduit à la place de la religion, l'athéisme; à la place
des lois, l'anarchie; à la place d'un roi qui fût notre
père, des hommes qui sont nos tyrans. Vous nous
reprochez le fanatisme de la religion, vous que le
fanatisme d'une prétendue liberté a conduits au
dernier des forfaits; vous que ce même fanatisme
porte chaque jour à faire couler des flots de sang
dans notre commune patrie. Ah! le temps est enfin
arrivé, où les prestiges d'un faux patriotisme vont dis-
paraître : le bandeau de l'erreur est à moitié déchiré.
O nos concitoyens, jugez-nous et jugez nos persécu-
teurs! Qu'ont-ils fait? qu'ont fait vos représentants
eux-mêmes pour votre bonheur et pour le bien général
de la France? Qu'arracher de vos cœurs les principes

sacrés de votre foi; que s'amasser d'immenses trésors au prix de vos larmes et de votre sang; que porter la désolation dans le sein de vos familles, entraînant de force, au milieu des camps et des combats, vos frères, vos enfants et vous-mêmes, qu'ils n'ont pas craint d'exposer à mille morts, pour assouvir leur rage contre le trône et l'autel; et pour s'assurer l'impunité de leurs forfaits, ils ont enlevé à la charrue de paisibles cultiva-teurs, dont les bras assuraient à la patrie sa subsistance et sa vie. Ouvrez donc enfin les yeux, ô Français, rendez-vous à nous, rendez-vous à vous mêmes! Eh! ne seriez-vous donc plus ce peuple doux, généreux et sensible? ce peuple fidèle à sa religion, idolâtre de ses rois, le peuple de Clovis, de Charlemagne, de saint Louis, de Louis XII, d'Henri IV, de Louis XVI enfin, dont le fils, ce jeune et tendre rejeton de la famille auguste des Bourbons, prêt à observer les dernières volontés d'un père qui mourut en pardonnant à ses bourreaux, vous tend ses bras, vous ouvre son cœur, et brûle du désir d'être heureux de votre bonheur! Seriez-vous insensibles à ce langage? seriez-vous sourds à la voix de la religion, qui depuis trop longtemps la proie des loups ravissants, redemande aujourd'hui ses véritables et légitimes pasteurs? Non, sans doute, vous êtes nos amis, nos frères; nous ne sommes qu'un peuple, disons mieux, qu'une même famille. Nos mi-sères, nos jouissances nous sont communes; réunissons donc ensemble nos efforts sous l'égide du Tout-Puis-sant, sous la protection d'un père commun. Épar-gnons, épargnons le sang des hommes, et surtout des Français! Il n'est plus aujourd'hui de place dans l'État pour ces êtres froids et égoïstes qui, languissant dans

une honteuse oisiveté, affectant une coupable indif-
férence pour l'intérêt général, se tiennent à l'écart,
prêts à s'engraisser des débris de la fortune publique
et des fortunes privées. Deux étendards flottent sur le
sol dés Français, celui de l'honneur et celui de l'anarchie. Le moment est venu de se ranger sous l'un de
ces drapeaux ; *qui balance est un traître également
redoutable aux deux partis.* Marchons donc tous d'un
commun accord ; chassons ces représentants infidèles
qui, abusant de votre confiance, n'ont employé jusqu'ici qu'à des disputes stériles, à des rixes indécentes,
et, le dirai-je ? à des luttes déshonorantes pour le nom
français, un temps qu'ils devaient tout entier à notre
bonheur ; chassons ces représentants parjures, qui,
envoyés pour le maintien de la monarchie qu'ils avaient
solennellement jurée, l'ont anéantie, et renversé le
monarque innocent sur les marches sanglantes d'un
trône où ils règnent en despotes ; chassons enfin ces
mandataires perfides et audacieux, qui, s'élevant au-
dessus de tous les pouvoirs connus sur la terre, ont
détruit la religion que vous vouliez conserver, créé des
lois que vous n'avez jamais sanctionnées, disons mieux,
que vous eussiez souvent rejetées avec horreur, si votre
vœu eût été libre ; ont fait du plus riche et du plus flo-
rissant des royaumes un cadavre de république, objet de
pitié pour ceux qui l'habitent, et d'horreur pour les
peuples étrangers. Que cés arbres dépouillés de leur ver-
dure, tristes images du trône dépouillé de sa splendeur ;
que ces vains emblèmes de la licence tombent dans la
poussière, et que le drapeau blanc, signe de bonheur et
d'allégresse pour les Français, flotte sur les remparts de
nos cités et sur les clochers de nos fidèles campagnes.

» C'est alors que fermant le temple de Janus, nous y déposerons nos armes; c'est alors que terminant une guerre dont les défaites ou les triomphes ne sont que de vraies calamités pour notre mère-patrie, nous proclamerons avec la paix de la France le repos de l'univers. C'est alors que confondant dans l'amour du bien public tous nos ressentiments personnels et jusqu'à nos moindres sujets de mécontentement réciproque, de quelque parti, de quelque opinion que nous nous soyons montrés, *pourvu que nos cœurs et nos mains n'aient point trempé dans le crime* [1], nous nous réconcilierons, nous nous réunirons tous au sein de la paix, pour opérer le bien général et donner à la France, avec son roi et son culte catholique, le bonheur qu'elle attendit en vain de ses représentants infidèles. Tels sont, nous osons le répéter et le proclamer hautement, tels sont nos vœux, tels sont les vœux de tous les Français; qu'ils osent les manifester, et la France est sauvée.

» Fait au quartier-général, à Fontenay-le-Comte, ce 27 mai 1793, l'an premier du règne de Louis XVII.

» BERNARD DE MARIGNY, DES ESSARTS, DE LA ROCHE-JAQUELEIN, LESCURE, DUHOUX D'HAUTERIVE, DONNISSAN, CATHELINEAU, STOFFLET, DE DOMMAIGNÉ et autres. »

Le bibliophile qui nous lira, verra sans doute avec plaisir quelques détails sur cette curieuse pièce, la première qui soit sortie des presses royalistes de la

---

[1] Restriction qui permettait, en cas de succès, d'user largement de *représailles*.

Vendée. Elle fut imprimée par un nommé Pierre-Aimé Élies, de Niort, compositeur chez Cochon-Chambonneau. Cet individu avait été pris le matin, et chargé de faire des affiches interdisant le pillage, que Baudry du Plessys fit mettre à tous les coins des rues, sur les études des notaires, et les maisons qui pouvaient tenter la cupidité. Conduit ensuite chez Testard, dont le prote était parti, celui-ci lui remit le manuscrit de l'*Adresse aux Français,* que les chefs vendéens venaient de lui confier. Élies employa la nuit du 26 au 27 à la tirer à cent cinquante exemplaires, et la data du jour où elle devait paraître [1]. Cet ouvrage achevé, Dommaigné et des Essarts l'employèrent à emballer, chez Testard et Chambonneau, deux presses, des caractères et le reste du matériel d'une imprimerie [2], qu'ils voulaient expédier à Châtillon, puis l'engagèrent à les suivre, en compagnie des nommés Fallourd et Beaujaud, autres ouvriers imprimeurs qu'ils avaient enrôlés. Il promit, et se sauva à Niort.

Les Vendéens commirent peu de dégâts à Fontenay : ils brûlèrent seulement, au bas de la place, certains papiers du département, du district et des autres administrations, et pillèrent les caisses publiques. — Les assignats que contenait l'une d'elles servirent à faire des papillottes; l'on en sauva cependant pour 900,000 livres, qui furent rendus à la circulation, après avoir été contresignés au revers au nom du roi [3]. Les

---

[1] L'imprimé est sur deux feuilles de papier gris collées ensemble en longueur.

[2] Ce fut l'origine de leur imprimerie.

[3] Les caisses pillées furent celles du département, du district, de la municipalité, du receveur et du directeur des droits d'enregistrement,

chefs montraient d'ailleurs des dispositions très-diffé-
rentes ; les uns toléraient les dilapidations, tandis que
d'autres les interdisaient formellement. Somme toute,
on consomma beaucoup et on détruisit peu ; mais les
boutiques des chapeliers, des armuriers et des épiciers
furent saccagées. Les malheureux marchands s'en étant
plains aux généraux, reçurent d'eux quelque argent
et des billets payables à la paix. Dans les maisons particulières où ils firent des fouilles, ils enlevèrent toutes
les armes, et ne prirent que des chapeaux, des che-
mises, des souliers, des bottes et autres vêtements,
abandonnant à la place les mauvaises hardes qu'ils
avaient sur le corps ; encore s'emparaient-ils de préfé-
rence de ce qui appartenait aux volontaires nationaux.

Le soir de leur entrée, ils vidèrent une partie des
caves, et parcoururent les rues en *houpant* et criant :
En v'la-t-au daux brigands! Les jours d'après, leurs
généraux interdirent l'ivresse, qui pouvait devenir
fatale en cas d'attaque, et ne leur permirent que de
vivre à discrétion. Lorsque les subsistances furent
épuisées, ils nourrirent à leur tour la population avec
les bœufs qu'ils allaient enlever dans les marais.

Après le conseil tenu dans la maison Saint-Laurent,
le dimanche 26, les chefs se rendirent à Notre-Dame,
où fut célébrée une messe solennelle. Les Vendéens y
amenèrent les habitants, et y assistèrent en armes.
Ils rendirent ensuite les honneurs de la sépulture à
leurs frères morts dans l'attaque, et firent enterrer,

du payeur général, du commissaire ordonnateur, et du receveur des
consignations et impôts fonciers. — Les neuf cent mille livres sauvées
servirent de premiers fonds à celle de l'armée vendéenne, jusqu'à
l' mission d'

sans aucunes cérémonies, les patriotes massacrés autour de la place.

Le bonheur des Vendéens de pouvoir rendre grâce à Dieu de leurs succès était inexprimable. Naïfs et sincères jusqu'au fanatisme dans leurs croyances, ils n'avaient qu'un seul but : celui de restaurer la religion. Sans ambition comme sans crainte, ils allaient froidement au-devant d'une mort qui devait leur procurer le paradis. « Mon père et mon frère sont bien plus heureux que moi, disait un pauvre blessé, qui ne put pas suivre l'armée lorsqu'elle évacua Fonténay : ils sont tombés samedi à mes côtés, mais trois jours après ils étaient chez nous. » Abnégation incomparable qui enfanta des miracles!... Pourquoi ces nobles martyrs servaient-ils une cause qui s'appuyait sur l'étranger [1]?

Le lundi 27, Cathelineau et Stofflet allèrent visiter l'hôpital, encombré de blessés, dont la supérieure, Ursule Prumayras, leur fit les honneurs. Ils lui permirent de délivrer des passeports aux malades, lorsqu'ils seraient en état de se rendre dans leur pays. Cette faveur fut étendue le lendemain à la plupart des prisonniers, que l'on fit rassembler après-midi, avec les habitants, dans la grande prairie. Là, Donnissan eut beau user de toute son éloquence, il ne put obtenir que très-peu de serments, « *tant le poison conventionnel avait infecté ce beau sang de France,* » dit l'auteur de la vie de Bonchamps. Les chefs se décidèrent pourtant à les renvoyer, après les avoir munis de billets conçus en ces termes :

[1] Les Vendéens n'étaient pas encore en rapport direct avec les étrangers, mais leur correspondance prouve qu'ils cherchaient à faire coïncider leurs opérations avec celles des ennemis de la France, et qu'ils espéraient les voir arriver vainqueurs.

« Nous, commandant les armées catholiques-royalistes, avons accordé le présent passeport à N..., prisonnier, renvoyé de Fontenay-le-Comté pour se rendre à..... Lequel a promis et juré sur son honneur et serment de ne jamais reprendre les armes contre le roi et la religion catholique, apostolique et romaine, *et qui a coupé ses cheveux pour marque de reconnaissance.* Prêtez-lui aide et assistance au besoin. A Fontenay, le 28 mai 1793, l'an premier du règne de Louis XVII [1]. »

La cérémonie terminée, Marigny envoya la lettre suivante aux habitants de Niort :

« A Fontenay-le-Comte, le 28 mai 1793.

» A messieurs les habitants de Niort, pour lire aux administrateurs du département et aux commissaires de la convention à Niort.

» Messieurs,

» Instruit par des gens de vos armées patriotes qu'il leur avait été ordonné de ne faire aucun prisonnier de nos armées, si le sort des armes les faisait tomber en vos mains, je me plais à vous donner connaissance de cette dénonciation, et à vous prouver, par notre conduite, envers la multitude que nous faisons en combattant contre vous, quelle est celle que l'honneur et l'humanité rend inséparable des cœurs vraiment

---

[1] Ces passeports sont signés indistinctement des divers chefs. — Lorsque les Vendéens eurent une imprimerie, ils en fabriquèrent qui portaient toujours la mention de la coupe des cheveux.

français. D'après des principes aussi sanguinaires que les vôtres, d'après ceux qu'on emploie pour égarer les esprits, d'après les menaces et les exclamations horribles que vous lancez contre les chefs des armées catholiques, nous pourrions user de représailles envers vos familles. Mais nos sentiments purs et religieux nous commandent impérieusement de remplacer les crimes que la révolution fait commettre, par autant d'actes de vertus. Nous ne craignons ni menaces, ni sentences atroces; nous voulons le bien; nous le voulons, et nous espérons que, soutenus par Dieu et la pureté de nos sentiments, nous triompherons de cette horde de factieux qui ne mesure plus la faculté de commettre des crimes. Vous, habitants de Niort, dont je suis connu de la plupart : vous retrouverez dans ma lettre le caractère d'honnête homme que j'ai toujours eu. Je rendrai à vos familles les pères qui leur sont nécessaires, toutes fois que par le sort des armes ils tomberont en mon pouvoir. *Jamais je ne serai barbare, et jusqu'à mon dernier moment, tous les prisonniers trouveront en moi un ami, un protecteur* [1]. Lisez bien l'expression de mes sentiments, et convenez que les plus honnêtes gens du royaume sont ceux qui combattent pour la religion de leurs pères, pour le rétablissement du trône et pour la paix, que malheureusement il faut obtenir à coups de canon.

» Les prisonniers que nous rendons à leurs familles attesteront nos vertus et nos bienfaisances, et ceux que nous détenons sauront vous exprimer un jour la douceur avec laquelle ils auront été traités.

---

[1] Bernard de Marigny n'exécuta malheureusement pas cette promesse.

» Je suis particulièrement et nous sommes en général inébranlables dans nos principes. Tels sont les hommes qui vous écrivent, et qui ne veulent que le bonheur de tous les Français.

» BERNARD DE MARIGNY, commandant des armées catholiques et royalistes, DE LA ROCHEJAQUELEIN fils, DUHOUX-D'HAUTERIVE, DONNISSAN, DEHARGUES, LESCURE, DE BONCHAMPS, SAINTE-HERMINE [1]. »

A neuf heures du soir, les habitants furent convoqués à l'hôpital-général, afin de former parmi eux un comité provisoire, chargé d'administrer la ville et de remplacer la municipalité. Ils élurent Quéneau père, président, D. Robert aîné, Grimouard du Vignault, Carrière, Prieur, Pichard de la Caillère, Savary de Calais, Pranger, Bréchard aîné et Testard, membres. Le 29, ces nominations furent approuvées, et Daumaillé fit remettre du blé à Grimouard et Prieur, que ces citoyens distribuèrent aux plus pauvres [2].

---

[1] *Papiers Goupilleau.* — M. de Sainte-Hermine, ancien préfet de la Vendée, était alors gendarme national. Fait prisonnier, il alla trouver Henri de La Rochejaquelein, qui avait été sous ses ordres dans la garde constitutionnelle de Louis XVI, et coucha trois nuits dans le même lit. Il retourna ensuite à Niort, où ses amis eurent beaucoup de peine à le sauver.

[2] Rendus à Châtillon, les chefs vendéens firent imprimer cet arrêté, pour l'organisation des comités :

« Nous, commandant les armées catholiques et royales, n'ayant pris les armes que pour soutenir la religion de nos pères, et rendre à Louis XVII, notre auguste et légitime souverain, l'éclat et la solidité de son trône et de sa personne, désirant rétablir partout la paix et l'harmonie des cœurs, proclamons hautement que si, contre nos bonnes et loyales intentions, et au mépris de leurs serments, les clubistes et tous autres perturbateurs du repos public venaient à reprendre les armes contre la religion catholique et contre leur roi, nous viendrions les punir avec la plus grande sévérité. La manière dont nous nous

L'armée vendéenne n'avait point songé jusqu'au 27, malgré ses menaces, à marcher en avant. Elle se reposait de ses fatigues, et regardait la prise de Niort comme chose facile. Les détachements envoyés en reconnaissance racontaient que tout tremblait à son seul nom, et que le marais ne se soulèverait pas contre elle.

Un second conseil de guerre tenu dans la nuit du 27 au 28, à l'occasion de nouvelles arrivées des Deux-Sèvres, changea ces dispositions. En effet, une femme,

sommes comportés à leur égard doit les convaincre que la paix et la concorde sont l'objet de nos vœux, et que le bien général est l'unique but de nos communs efforts; déclarons, en conséquence, que nous prenons sous notre protection spéciale tous les honnêtes gens, amis de l'ordre et du bien public, attachés à leur religion et à leur roi, et même autorisons, au nom de Sa Majesté très-chrétienne Louis XVII, messieurs les habitans des paroisses à former un conseil provisoire, composé de membres connus par leur attachement à la religion catholique et au roi, dépendant du conseil supérieur d'administration provisoire, dont l'emploi spécial sera de maintenir l'ordre et la police dans leur arrondissement, de faire désarmer (*) toutes les personnes suspectes par leur attachement connu aux principes de la révolution ; de faire arrêter tous les voyageurs qui ne seraient pas munis de passeports signés des chefs des armées catholiques ou des conseils particuliers des paroisses; d'exercer une sorte d'administration provisoire, conforme aux principes religieux et politiques que nous professons, et particulièrement de recueillir et conserver avec soin tous nos monuments publics, chartes, contrats et tous autres titres de propriété qui auront échappé aux suites malheureusement trop communes d'une guerre opiniâtre entre les citoyens; protestons enfin que, si malgré la justice de notre cause, nos intentions étaient trompées et trahies par des hommes maintenant soumis à leur roi, nous cesserions alors toute clémence pour des rebelles.

» A Châtillon-sur-Sèvre, ce 8 juin 1793, l'an premier du règne de Louis XVII.

Signé de MM. les commandans. »

Le conseil supérieur organisa définitivement les conseils de paroisse le 27 juillet. — Voy. *Savary*, t. i, p. 446.

(*) Contrepartie de la loi des suspects.

interrogée sur ce qui se passait à Niort, avait répondu que le 26, il n'y avait dans ce lieu que les bataillons de la garde de la convention, quatre cents hussards, les gendarmes qui avaient pris la fuite à l'affaire du 25, et cinquante dragons de la légion germanique; mais qu'à la nouvelle de leur approche, le pays entier avait pris les armes; que, dans moins d'une journée, vingt mille défenseurs étaient accourus, et que le district de Melle s'était levé en masse, ne laissant derrière lui que des femmes et des infirmes. Les généraux, croyant prudent de se retirer, se mirent en devoir de faire évacuer leurs troupes, et le 28, à midi, les forces principales sortaient de Fontenay.

Les Vendéens conduisirent avec eux, à la Châtaigneraye, mille prisonniers qu'ils relâchèrent bientôt presque tous, sur les instances de Mmes Grimouard de Saint-Laurent et Grimouard du Vignault, qui déjà avaient puissamment contribué à arrêter le pillage de la ville. Non contentes de ce beau trait, elles empêchèrent de prendre pour ôtages plusieurs citoyens, et firent rendre à la liberté Cavoleau, Beurrey-Châteauroux et Pervinquière [1], dont les deux premiers ne furent incarcérés que durant peu de jours à la Forêt-sur-Sèvre [2]. Hervé, curé de Saint-Jean, Bruel, aumônier de l'hôpital, trois cents Toulousains, cinq Fontenaisiens et quelques individus détenus dans les prisons pour vols et autres délits, furent seuls emmenés à Châtillon. Enfin, le 30,

[1] Pervinquière était détenu comme suspect, au moment de la prise de Fontenay.

[2] Voy. le *Mémoire pour le républicain René Esnard*, du 8 mars 1794 (18 ventôse, an II), dans lequel il raconte longuement la belle conduite des dames Grimouard.

au point du jour, les traînards, les blessés, le reste des canons et les charrettes chargées de subsistances, prirent la route du Bocage, au branle des cloches, qui n'avaient cessé de sonner depuis l'invasion [1].

L'annonce de la prise de Fontenay fit grand bruit à Paris. Le 29, le représentant Maignen, ayant reçu les rapports de ses collègues et de Sandos, les présenta à la convention. Le président les lut à l'assemblée, et fit décréter que les gendarmes, qui avaient lâchement fui, seraient dépouillés de leurs armes, uniformes et chevaux, déclarés incapables de servir la république, renvoyés dans leurs municipalités, sans préjudice des poursuites à exercer contre ceux qui auraient donné le signal [2], et qu'il serait fait mention, dans le procès-verbal de la séance, de la belle conduite des seize d'entre eux qui avaient aidé les généraux Chalbos, Dayat et Nouvion à protéger la retraite. Ensuite, les députés de la Vendée se rendirent au comité de salut public, et obtinrent que Biron prît le commandement de l'armée des côtes de La Rochelle.

Ce général trouva, en arrivant à Niort, des préventions élevées contre lui, non seulement dans l'armée, mais encore parmi les représentants du peuple. Goupilleau (de Fontenay), qui avait servi autrefois sous ses ordres, s'était déclaré son protecteur : Bourdon (de

---

[1] Les Vendéens emportèrent les ornements et argenteries des églises, pour les faire servir à l'usage de leurs chapelles. Ils prirent aussi quatre petits pierriers que la ville avait acheté de Savary de Calais, et qui étaient sur la place.

[2] On avait si peu de confiance dans la gendarmerie, que le comité de salut public écrivit aux représentants de les empêcher *de passer à l'ennemi*. Les prisonniers renvoyés furent incorporés dans les troupes de la Rochelle et de l'île de Rhé.

l'Oise) l'appuyait également. D'un autre côté, Bourbotte favorisait ses ennemis, et prétendait, peut-être avec raison, que des généraux de l'ancien régime n'étaient pas aptes à obtenir la confiance des soldats, désireux, avant tout, d'avoir des chefs sortis de la révolution. Biron arrivait dans un mauvais moment [1]. La victoire des Vendéens à Fontenay faisait accuser certains commandants de trahison; ce n'était donc pas le ci-devant duc de Lauzun que l'on devait mettre à leur tête, car on poussait de la sorte aux dénonciations, tendance que Robespierre reprochait un peu plus tard aux autorités de la Vendée, dans sa réponse à la société populaire de Fontenay, qui lui demandait un plan de conduite. « La faute capitale du jour, y lit-on, consiste à se croire plus patriote que tout le monde; à voir partout des traîtres. Cette manie induit le gouvernement en erreur, et le conduit à commettre des injustices qui préjudicient au salut de la république. Tâchez plutôt, citoyens, d'unir vos efforts contre nos ennemis réels, et de ne pas diminuer vos forces par des préventions, souvent mal fondées. »

Voilà le récit impartial du passage des Vendéens à Fontenay, l'un des faits les plus mémorables et les plus purs de la belle période de leur existence politique. La guerre n'était pas encore devenue atroce, et les chefs, ainsi que nous l'ont montré les pièces données plus haut, cherchaient à se faire des partisans par la douceur. Six mois se seront à peine écoulés que plu-

[1] « Je ne sais s'il était de la bonne politique d'envoyer un homme *de*
» *la plus haute volée*, et que ses seules liaisons devaient rendre suspect,
» pour combattre un parti qui voulait un roi, des nobles et des prêtres. »
(*Mém. du général Turreau*, p. 53, *édit. de Baudouin, Paris*, 1823.)

sieurs de ces hommes remarquables n'existeront plus, et que des rapports ineptes et mensongers conduiront la convention aux abois, à faire de nos contrées un immense cimetière. Que l'on n'accuse pas cependant la république seule des forfaits qui seront commis. Il lui fallait vaincre ou mourir sur les débris de la liberté ; et, sanglier farouche, elle éventra les ennemis imprudents qui l'arrêtaient dans sa course sublime !

Les Vendéens partis, Biaille-Germon convoqua chez lui, le 1er juin, le comité provisoire et les citoyens Chessebeuf, Belliard, Guillet, Pichard du Page, Favreau, Brisson et Dupuy, Giraudeau, Morillon, Guerry et A. Pichard, procureur de la commune, tous faisant partie de la municipalité, et rédigea, avec eux, le compte-rendu de ce qui venait de se passer. Ensuite, il le fit porter à Niort aux représentants du peuple, qu'il pria de lui permettre de partager à la population le peu de blé resté dans les magasins : « Les habitants sont tellement frappés de stupeur, disait-il, qu'on en voit chaque jour abandonner leurs maisons et se retirer vers les paroisses du Marais. Les membres du conseil-général de la ville, présents, essayent en vain de ranimer la confiance : ils n'osent pas eux-mêmes reprendre leurs fonctions, de crainte des hordes ennemies qui leur ont fait les menaces les plus affreuses. Il faudrait 50,000 livres immédiatement pour aller au-devant des premiers besoins. »

Les débris de la municipalité restèrent jusqu'au 3 juin. Mais ils surent secrètement alors, que la commune courait risque d'être de nouveau envahie, à la face des patrouilles républicaines, venues sur son territoire depuis le 29 mai. Ce rapport était imaginaire, puisque les royalistes se portaient vers l'Anjou. Quelques chefs avaient bien proposé d'attaqner les Sables, dont la position maritime permettait de recevoir des secours étrangers; la majorité fut inflexible. « La prise de Fontenay est immense, écrivait Sapinaud de la Vérie à Bulkeley; nous en tirons toutefois peu d'avantages, quoique y ayant grandement participé. *Cela s'est toujours pratiqué avec nos collègues du Pays-Haut.* » Royrand et Savin étaient de l'avis de Sapinaud, et se plaignaient de ce que la grande armée les laissait sans nouvelles. Je transcris textuellement ici, sur l'original [1], une lettre de Charette écrite à ce sujet; elle donnera une idée de son style et de son orthographe :

« A Legé, ce 31 mai 93.

» Monsieur

» Depuis le succès des armes de la grande armée à Fontenay, je n'en ai pas entendu parler. J'attend quatre officiers de mon armée que j'y ai envoyé il y a trois jours. Aussitôt leurs arrivées, je m'empraisserai de vous faire part de leur rapport. Si la grande armée, comme je le crains, se porte sur d'autres endroits, je ferai tout mon possible pour m'unir avec M. Roirand, forcer les brigands dans leurs tavernes et si bien les treter, qu'ils n'ayent plus d'envie de venir mordre à la grape. Il y a, à ce qu'on m'a assuré, un rassemblement de quinze cents hommes sous les ordres de *M. Beaumeler* dans le marais. Il a, il y a quelques jours, donné une vigoureuse chasse aux bleus et en a tué beaucoup. Nous sommes toujours menassé d'une vigoureuse attaque, mais, qui dit bleu,

______
[1] Papiers Goupilleau.

dit j... f....., et je crois qu'ils ne sont nullement dis-
posés à remplir leurs promesses. Il y eut, hier au
soir, un combat auprès de Nantes. Les patriotes ont
été repoussés vigoureusement. J'en ai aujourd'hui la
certitude, sans avoir les détails du combat. Rien de
plus pour le moment.

» J'ai l'honneur d'être, avec respect,

» Monsieur,

» Votre très-humble

» et très-obéissant serviteur,

» LE CHʳ CHARETTE. »

(*A M. Bulkeley, commandant,
à La Roche-sur-Yon.*)

La municipalité, ainsi que je l'ai dit plus haut,
partit le 3 [1], sans avoir voulu accepter les pouvoirs
du comité provisoire qui désirait les déposer dans ses
mains, et sentait toute la responsabilité d'une pareille
mission. Les Fontenaisiens, éplorés, l'ayant appris, vinrent supplier les citoyens qui le composaient de veiller
à leur sûreté. Cette démarche les força à demeurer
et à continuer à administrer la ville au nom de
Louis XVII. La position était affreuse pour quelques-
uns des membres, car la majorité était royaliste, et
entraînait le comité dans une route on ne peut plus
fatale [2]. Testard, surtout, était l'objet de la haine de

[1] La municipalité trouva à Niort le directoire du département, et
ceux des districts de Fontenay, de la Châtaigneraye et de La Roche-
sur-Yon, qui y étaient installés depuis le 25.

[2] Le comité royaliste avait publié une adresse aux Fontenaisiens,
rédigée dans un esprit contre-révolutionaire. (Voy. *le Bulletin dᵘ
Tribunal révolutionnaire de Paris*, 23 vendémiaire, an III.)

Carrière, le meneur des délibérations, et avait besoin d'être animé d'un grand amour du bien public pour ne pas se retirer. Il fut heureusement délivré de la présence de son adversaire, qui alla prendre possession de sa charge de procureur-général du conseil supérieur de Châtillon.

A partir de l'absence de Carrière, l'intervention du comité fut continuellement employée pour l'utilité de ses administrés. Grâce à lui, les quelques individus emmenés par les Vendéens furent rendus à leurs familles, et les bandes armées qui menaçaient la ville n'y entrèrent pas [1]. Durant six semaines Fontenay fit

[1] Les Vendéens avaient songé à revenir à Fontenay. La lettre qui va suivre en fait foi. Elle est adressée par Cumont du Buisson à son oncle, Sapinaud de la Verie, collègue de Royrand, et commandant l'armée de Chantonnay. Après avoir donné quelques explications insignifiantes sur une mission près de l'armée d'Anjou, il écrit au revers :

« Ayant écrit sous les yeux de vingt-cinq personnes, je n'ai pu vous dire mes remarques que voici : Il m'a paru régner un très-grand désordre dans les délibérations de nos collègues, dont aucuns ne sont d'accord, et *c'est une vraie pétaudière;* on me renvoyait de Caïf à Pilate, et je vous avoue que ma mission m'a fort ennuyé. Il se faisait rapsaudi sur rapsaudi; on me parlait toujours de plan qui variait à chaque instant; on me témoignait de la surprise de la lettre de M. Delbée, qu'on regardait emphibologique; enfin j'ai eu le bonheur d'intéresser M. Donissan, homme réfléhi et très-honnête, qui m'a dit que l'on fesait un rassemblement ici, à Châtillon, vendredi prochain, pour aller sur Parthenay, pour couper sur cette route trois ponts, afain de mettre ce pays à couvert. Cette oppération faite, il regarde impossible à Biron d'auzer marcher sur ces parages, sans être sûr de la défaite totale de ses troupes. Si le rassemblement est considérable, la grande armée se portera sur Niort par la traverse. Il lui faudra cinq jours pour arriver à ce point. C'est toujours M. Donissan qui parle. Il voudrait, si il vous est possible d'avoir des forces jointe à celle de M. Charette et autres, *que nous nous portrions sur Fontenay,* pour inquiéter nos ennemis. J'ai fait mes observations, qui sont que je ne croyais pas prudent d'aler à Fontenay, ayent nos ennemis sur Luçon et autres

partie du *pays conquis,* et les patrouilles niortaises empêchèrent seules le drapeau blanc de flotter sur Notre-Dame [1]. Cependant, cette position mixte ne pouvait durer : le 10 juillet, Bourdon (de l'Oise), Goupilleau (de Fontenay) et Auguis, donnèrent mission à Mercier du Rocher d'arrêter les membres du comité. Celui-ci partit dans la nuit, suivi d'une nombreuse escorte, et se présenta aux barrières, qu'il fit enlever

points adjacents; l'avis serait de les forcer, mais vous sçavez que nos forces ne nous permettent guère cette entreprise, et notre mouvement, pour être combiné avec celui de M. Donissan, ne doit avoir lieu qu'au cas qu'on attaque Niort, et cela me paraît souffrir de grandes difficultés de tous cautés. Vous jugerez, Messieurs, ce que vous avez à faire de mieux pour l'aventage de notre cause. M. Donissan m'a promis et re-promis qu'il vous ferait part, par écrit, du partis qui serait pris, aussitôt qu'il sera arrêté. M. de Marigny ne se fait guère plus de par-tisans parmi ses collègues qu'il ne s'en est fait chez nous. MM. Despré, De Denan et Bejarry sont ici. J'ai refusé de dinner dans la maison où ils sont, pour vous faire part de ce qui m'a été dit. M. l'évêque se mêle du spirituel et du temporel, ce qui déplait à plusieurs de ces messieurs, particulièrement à M. Donissan, qui m'a dit, en me communiquant un interrogatoire qu'a fait subir Monseigneur à un prisonnier : *Ah ! que chacun serait bien dans sa place.* Je vous rejoindrai le plus tôt possible, mais il me faut un couple de bonnes nuits, et à peine ai-je trouvé un lit chés moi : tout y a été mis sans dessus dessous par la peur seulement. J'ai été fort aise d'apprèndre, par le retour du courier qui avait été vous faire part de la victoire de Châtillon, qu'il n'y avait rien de neuf à Chatonay. Je vous embrasse, mon cher tonton; tâchez de lire mon griffonage à M. de Roirand. Je vais manger un morceau, puis dormir et me rendre chez moi.　　　« CUMONT (Du Buisson).

« A une heure après midi, ce 9 juillet 1793. »

« Vesterman a fui d'ici au troisième coup de canon. Les papiers publics annoncent qu'on fesait porter son armée sur Tours. Trente départements refusent de porter des forces sur Paris. On dit que Limoges est en insurection. »　　　　　　　　(*Textuel.*)

[1] Dans la nuit du 7 au 8 juin, une patrouille enleva vingt-deux hommes et cinquante-quatre chevaux venus à Fontenay pour se procurer des vivres. — Un Vendéen fut tué. (*Ext. des papiers Goupilleau.*)

de peur de surprise. Testard, Grimouard du Vignault, Queneau et D. Robert, furent saisis; les autres parvinrent à s'échapper et entrèrent presque tous dans le parti vendéen. Les prisonniers furent dirigés sur Paris, et, le 13, les représentants prévinrent la convention de leur capture.

L'arrestation du comité fit une pénible sensation à Fontenay. Les habitants rédigèrent immédiatement une pétition où ils peignaient les services qu'il leur avait rendus. Les directoires de département, de district et la municipalité, retirés à Niort, suivirent cet exemple, et Goupilleau (de Montaigu), auquel Testard avait adressé de Poitiers une lettre touchante, employa son crédit à le sauver. Le 8 août, les accusés parurent devant le tribunal révolutionnaire, qui les acquitta à l'unanimité, et rendit hommage à la pureté de leurs intentions. « La séance, écrivait Testard, a duré depuis neuf heures du matin, jusqu'à quatre heures du soir, et les débats quatre heures. L'assemblée, composée de trois à quatre mille personnes, a applaudi avec enthousiasme. Tous les cœurs étaient émus, tous les yeux pleins. Nous avons été embrassés, portés jusqu'à l'hôtel [1]. »

Après le 11 juillet, Fontenay fut livré à lui-même : « Il n'y avait plus d'esprit public; les citoyens étaient plongés dans une apathie, dont les plus grands événe-

---

[1] Les autres membres du comité eurent des destinées différentes. Carrière, mourut misérablement après le passage de la Loire; Pichard-la-Caillère et Savary (de Calais), furent acquittés, le 23 vendémiaire, an III; Pranger, fut fusillé à Fontenay, le 17 ventôse, an IV; Bréchard, passa aux républicains après la pacification de la Jaunais. On ignore le sort de Prieur.

ments ne pouvaient les tirer. » Une misère horrible les accablait, et la disette était telle, que l'on était réduit, à trois quartrons de pain par jour. Le représentant Bellegarde envoya, le 3 août, un secours providentiel de quelques tonneaux de blé, sans lequel la population se trouvait contrainte d'émigrer, sous peine de mourir de faim. Dans l'état des choses, il n'y avait néanmoins que la présence des autorités capable de sauver la commune.

Le 5 août, les Fontenaisiens, qui avaient cherché un refuge à Niort, prévinrent Goupilleau (de Fontenay) et Bourdon (de l'Oise) qu'ils étaient prêts à accepter la constitution du 24 juin, et que Biaille-Germon refusait le serment. Cet excellent citoyen, que ses sympathies portaient du côté de la Gironde, avait vu sa défaite avec douleur. Si ses idées eussent été plus larges, il eût senti que la politique de cette faction menait la patrie à sa perte, et que dans les grandes crises, la faconde ne suffit pas. Les représentants le mandèrent devant eux, essayèrent de le faire changer de résolution : tout fut inutile, et sa suspension fut prononcée.

Le 12, quelques membres de la municipalité commencèrent à reprendre possession de leurs demeures ; et, le 15, le citoyen Guillet réunit chez lui Brisson, Chessebœuf, D. Fillon, Morillon, Giraud, Moreau, Michel, Martineau, Pichard du Page, A. Pichard, Dupuy et Favreau [1]. Le conseil prit connaissance de la lettre du général Nouvion, annonçant des forces considérables qui permettraient aux directoires de la Vendée et du district de se réinstaller. Ils arrivèrent

---

[1] La municipalité n'entra réellement en séance que le lendemain, 19.

de Luçon et de Chaillé-les-Marais le 19 [1]. A leur entrée, ils joignirent leur adhésion au serment à la nouvelle constitution qu'avaient prêté, la veille, six cent quatre-vingt-dix-huit citoyens, sous la présidence de Châtelain père. Cet acte important avait été précédé d'une adresse à la convention, qui chargea Garos de remercier ses compatriotes de leur zèle et de leur civisme. Les rassemblements vendéens ayant appris les dispositions des habitants, s'éloignèrent de la contrée.

[1] Le directoire de département résidait depuis à peu près un mois à Luçon, et celui de district était allé, en juillet, tenir ses séances à Chaillé, parce que Niort n'avait pas pour eux les égards dus au malheur.

RENSEIGNEMENTS.

N° I.

Saint-Hermand, 19 mars 93, l'an ɪ de la république.

Aux administrateurs de la Vendée,

Citoyens, c'est avec désespoir que je vous préviens de notre déroute. Le lâche et infâme Marcé a tout perdu. Mes braves gardes nationaux se sont bien battus, et ont à déplorer la mort de plusieurs de nos frères; mais il a fallu suivre le mouvement général. Que deviendrons-nous? Marcé et ses *capons* se sauvent à La Rochelle. Le cavalier qui vous porte ma lettre vous dira dans quel état nous sommes. Demandez aux Niortais de venir encore à notre secours; autrement les brigands seront demain à Fontenay. Courage, citoyens, les débris de la garde nationale sauront mourir à leur poste en défendant la ville. Vive la république! et mort aux traîtres!

> Salut et fraternité,
>
> FILLON, *Commandant.*

Extrait de ma collection.

N° II.

Fontenay, le 20 mars 1793.

Les administrateurs réunis des conseils-généraux du district de Fontenay et du département de la Vendée, aux administrateurs du département des Deux-Sèvres.

Citoyens, collègues et bons voisins,

Un courrier que vous venez de nous expédier nous annonce qu'il est arrivé dans vos murs une force armée imposante. La malheureuse déroute de notre armée a semé l'épouvante dans tout le district de Fontenay. On ne voit dans les rues de notre ville que des femmes éplorées qui s'attendent à chaque instant à voir leurs maisons dévastées, leurs époux et leurs enfants massacrés par les cannibales qui ravagent la majeure partie de notre territoire. Cette crainte, peut-être exagérée pour cette nuit, peut se réaliser demain. Citoyens, vous avez déjà eu la générosité de venir à notre secours; ne vous laissez pas rebuter par le mauvais succès que vous venez d'éprouver. Il dépend de vous de sauver Fontenay, en partageant avec nous les forces que vous avez à votre disposition. Si les brigands s'apperçoivent que cette ville est sans défense, ils ne tarderont pas à s'en emparer. Deux mille hommes peuvent la protéger contre des forces doubles, parce qu'il est certain que si on leur oppose de la résistance, ils n'oseront pas paraître dans la plaine. D'ailleurs, citoyens, en travaillant à notre salut, vous ne nous rendez pas un service absolument gratuit. Fontenay forme pour vous un avant-poste, qui, s'il est forcé, mettrait Niort en péril, et qui lui donnerait, au contraire, beaucoup de sécurité s'il était bien défendu. Nous vous en supplions, citoyens, envoyez-nous un détachement de deux mille hommes et deux pièces de canons. Notre collègue Dupuy, que nous vous envoyons, vous exposera plus en détail l'urgence de cette mesure.

Il vient de nous arriver vingt-six prisonniers de guerre; nous en avons plusieurs autres tant jugés qu'à juger. Nous vous prions de les recevoir en vos murs.

Envoyez-nous aussi le plus grand nombre de cartouches à balles qu'il vous sera possible, et faites-en faire le plus que vous pourrez. Renvoyez de même la poudre que nous vous avons fait passer.

Pour le président :

JOUSSERANT,

J.-M. COUGNAUD, *Secrétaire-Général.*

Archives de la préfecture de Bourbon-Vendée.

N. III.

Fontenay-le-Peuple, le 22 mars 1793.

Le président du directoire du département de la Vendée, aux commissaires de la convention, à Niort.

Citoyens commissaires,

Un crime atroce se prépare. Une grande partie des troupes qui sont à Fontenay vient de réclamer à grand cris les têtes des prisonniers qui ont été arrêtés à Saint-Hermand, sur le soupçon d'avoir été complices des brigands. Quelques-uns de ces hommes peuvent être coupables; mais il est probable qu'un grand nombre est innocent. Nous avons fait retentir le cri de la loi ; notre voix n'a pu se faire entendre. Tout ce que nous avons pu obtenir , c'est de suspendre l'exécution jusqu'à demain. Nous ferons tous nos efforts pour empêcher que ce crime ne soit commis; nous verserons s'il le faut tout notre sang pour empêcher la loi d'être violée; mais notre espoir est bien faible, ou plutôt nous sommes sûrs de ne point réussir. Citoyens, vous seuls pouvez arrêter l'effet d'une menace qui nous fait frissonner. Le caractère sacré dont vous êtes revêtus inspirera peut-être le respect des lois à ceux qui sont prêts à leur porter une atteinte funeste. Ne perdez pas un instant ; car il ne serait plus temps, si la journée de demain s'écoulait sans vous voir ici.

Cavoleau, Président.

J.-M. Cougnaud, Secrétaire-Général.

Archives de la préfecture de Bourbon-Vendée.

N. IV.

Extrait du procès-verbal des séances des conseils-généraux du département de la Vendée, et des districts de Fontenay-le-Peuple et de la Roche-sur-Yon, réunis extraordinairement.

12 mai 1793.

L'assemblée, le procureur-général et les procureurs syndics entendus, arrêtent que tous les citoyens mâles, depuis l'âge de 12 ans jusqu'à 60, actuellement à Fontenay, seront tenus de se réunir à l'instant sur les places publiques, avec ou sans armes, pour être à la disposition du général.

Cavoleau, Président.

J.-M. Cougnaud, Secrétaire-Général.

Archives de la préfecture de Bourbon-Vendée.

N° V.

Fontenay-le-Peuple, le 16 mai 4793.

Au citoyen ministre de la guerre,

La victoire la plus complète vient de couronner les armes de la liberté dans les plaines de Fontenay-le-Peuple ; et ce dernier succès porte une blessure profonde au monstre qui déchire, qui dévore cette partie de la république.

J'ai été averti à midi que l'armée des révoltés descendait des côtes qui terminent la plaine, à une demi-lieue, sur la route de la Châtaigneraye. Le général de brigade Beaufranchet-Dayat, commandant l'armée de la Vendée, étant parti à sept heures avec le représentant du peuple, Auguis, pour Luçon, où les affaires de la république les avaient appelés, j'ai fait sortir mon armée. Après l'avoir disposée de manière à couvrir la ville sur tous les points où je pressentais qu'elle pourrait être attaquée, j'ai mis toute l'infanterie au centre, aux ordres de l'adjudant-général Sandos ; celle qui composait l'aile droite étant commandée par le citoyen Dufour, capitaine au 84e régiment, et je me suis porté à la tête de ma cavalerie. La horde des brigands s'étendait dans la plaine, protégée par son artillerie nombreuse et bien servie. J'ai voulu la charger en flanc ; ce mouvement ne m'a pas réussi, j'ai laissé deux escadrons aux ordres du chef de brigade et de l'état-major de l'armée, Nouvion, pour le tenter de nouveau, et, gagnant avec le reste de ma cavalerie, les dernières de leurs colonnes, nous avons attaqué l'ennemi sur les deux points ; avec une impétuosité telle que près de 400 des leurs sont restés sur le champ de bataille. Nouvion a eu son cheval tué sous lui dans la plus grande chaleur de l'action, que son courage ferme et éclairé n'a pas peu contribué à décider, et Constantin Foucher, l'un de mes adjoints, qui chargeait avec lui, enveloppé par ces brigands, a reçu un coup de poignard dans la cuisse. Il a eu son cheval frappé à la tête d'un coup de baïonnette.

Le désordre que je venais de jeter dans la tourbe des brigands m'a donné idée de me porter ventre terre sur leur artillerie, dont je me suis emparé à la pointe du sabre. L'infanterie m'a bien secondé dans les mouvements : elle a marché avec un ordre et une impétuosité admirables.

J'ai poursuivi ces célérats jusqu'à Baguenard, distant de 5000 toises du champ de bataille, où ils ont laissé 25 pièces de canon , cent caissons et un très-grand nombre de charriots chargés de munitions de guerre en tout genre et de vin, d'eau-de-vie, de tentes, de viandes, de toiles, etc......

Cette affaire nous a coûté 10 hommes et plusieurs blessés. Les ennemis en ont perdu près de 600, tant sur le champ de bataille que dans leur déroute.

Le Général de brigade,

CHALBOS.

P. S. Nous avons fait environ 80 prisonniers.

— Les chiffres de Chalbos sont peu exacts, parce qu'il écrivait le soir même de l'affaire, et qu'il n'en connaissait pas encore tous les détails.

N° VI.

Extraits des registres de délibération de la municipalité de Fontenay.

16 mai 1793.

« .... On a pris aux brigands environ trente pièces de canon de différents calibres, entre autres un très-beau , nommé *Marie-Jeanne* , aux armes du cardinal Richelieu ; un soufflet monté sur des affûts, avec un gril pour faire rougir des boulets........... »

19 mai 1793.

« .... Payé seize livres cinq sols pour treize journées d'hommes employés pour enterrer les hommes et les chevaux tués à la bataille du 16 , non compris les ouvriers que la municipalité de Pissotte et autres communes ont employés pour le même objet sur leur territoire. »

Archives de Fontenay.

N° VII.

Fontenay, le 25 mai 1793.

A Messieurs les comandants de la Roche-sur-Yon.

Messieurs,

Nous vous prévenons que Fontenay est à nous. La victoire est aussi complète que possible. Canons, munitions de guerre, caisses, tout est en notre pouvoir. Beaucoup de morts du côté des bleus; des prisonniers à l'infini; tous nos prêtres sauvés ainsi que tous nos confrères. *L'aristocratie triomphe enfin.*

CUMONT.

Papiers Goupilleau.

N° VIII.

Les chefs vendéens du Bas-Poitou répandirent, après la prise de Fontenay, le bulletin suivant, remarquable échantillon de leur bonne foi. Il est copié textuellement sur l'original.

DESCRIPTION DE LA PRISE DE FONTENAY.

L'affaire, selon ce que nous venons d'apprendre de monsieur de Borthais, arrivant de Fontenay, est conséquente. La prise est si considérable qu'il est impossible de donner une description particulière. Voici en général ce dont il s'agit. Cent mille hommes l'ont attaqué; le combat n'a duré qu'environ cinq quarts d'heures. L'armée patriote composée d'environ vingt mille hommes, a été mise totalement en déroute. On a fait entre cinq à six mille prisonniers, sur le nombre desquels on en a renvoyé quinze à dix-huit cents, cependant en leur coupant la moitié des cheveux, pour mieux les reconnaître: les commandant sont cy occupé, qu'on ne peut encore nombrer la quantité des canons qu'on leur a pris. Cependant on a très bien remarqué la Marie-Jeanne. On porte le nombre des fusils à six à sept mille, La déroute a été telle qu'on a trouvé tous les papiers du département qui ont été brullé de suite. On évalue la prise de Fontenay à trois millions. Les fuyards n'ont sauvé que deux pièces de canons. On dit Niort évaqué. Les fuyards prennent la route de la Rochelle et Rochefort; apparament pour gagner la route de Bordeau. On a pas peu nombrer la grande quantité des morts du côté des patriotes, ainsi que la grande quantité de poudre. Tous les aristocrates sauvés sans aucun mal. Monsieur Cavoleau, président du département est pris.

Signé : Joly, de Chouppes, Bulkeley.

Papiers Goupilleau.

N° IX.

Niort, le 26 mai 1793, l'an 1 de la république française,
onze heures du soir.

*Les représentants du peuple près l'armée des côtes de La Rochelle,
à la convention nationale.*

Dans la position critique où nous nous trouvons, citoyens nos collègues, nous croyons devoir vous informer officiellement de l'échec que nous avons éprouvé hier à Fontenay, et de l'attaque dont nous sommes menacés par les rebelles.

Vendredi dernier, 24, nous étions réunis au nombre de six, à Fontenay-le-Peuple, pour y concerter nos opérations. Nous fûmes informés que la veille il s'était manifesté un mouvement d'inquiétude dans l'armée de la Châtaigneraye, commandée par le général Chalbos. Nous crûmes que la présence des représentants du peuple pourrait être utile auprès de cette armée; en conséquence, trois d'entre nous, Goupilleau (de Fontenay), Goupilleau (de Montaigu) et Garnier (de Saintes), s'y transportèrent dans la matinée avec le général Dayat. Ils y trouvèrent le calme tellement rétabli, qu'ils se rendirent le soir même à Fontenay. Cependant, un instant après leur départ, vers six heures du soir, le général Chalbos fut informé que les rebelles se disposaient à faire un mouvement pour le cerner dans la Châtaigneraye, où il lui était impossible de tenir, parce que cette ville et les environs avaient été dévastés par les brigands. Alors, il crut qu'il était prudent de se replier sur Fontenay; ce qu'il effectua, dans la nuit, en bon ordre et de l'avis de son conseil de guerre. Hier, à cinq heures du matin, toute son armée arriva à Fontenay.

A midi et demie ou environ, on vint annoncer aux généraux que les rebelles se montraient dans la même plaine où ils avaient été si complètement vaincus le 16. A l'instant on battit la générale, et, bientôt après, l'armée se trouva en bataille en présence d'un nombre immense de révoltés rangés sur trois colonnes. Ceux-ci n'avaient point d'artillerie, mais ils marchèrent sur la nôtre avec la plus grande intrépidité. Le combat devint extrêmement chaud : les chasseurs de la Gironde faisaient un feu terrible; chaque volontaire de la compagnie franche de Toulouse et du quatrième bataillon de l'Hérault, combattait en héros, et quelques autres bataillons, animés par les représentants du peuple présents à l'action, ébranlaient déjà les colonnes des rebelles, lorsque le brave général Chalbos ordonna à la gendarmerie nationale à cheval de charger, pour achever de les exterminer. C'en était fait de ces hordes de brigands, si l'ordre du général eût été exécuté. Mais, ô honte ! cinq gendarmes seulement marchent en avant; le reste, effrayé par la défection de quelques lâches, plie et s'enfuit à bride abattue, en foulant aux pieds notre infanterie, qui se trouvait sur son passage. Plus de trente braves défenseurs de la patrie ont été écrasés par les chevaux des fuyards. Les représentants du peuple et les fuyards firent de vains efforts pour les rallier; rien ne put les arrêter. Enfin, l'infanterie, se voyant abandonnée et succombant sous le nombre, se mit elle-même en désordre, et bientôt la déroute fut complète. Notre armée dispersée fut poursuivie par les brigands jusque sur la route de Niort, où le général Dayat et le chef de brigade Nouvion, ayant rallié seulement 25 gendarmes, chargèrent deux cents hommes de cavalerie ennemie et les firent plier. Ils protégèrent par ce moyen là retraite d'une partie de l'infanterie sur Niort, où la cavalerie était arrivée depuis plusieurs heures.

Ceux d'entre nous qui s'y étaient rendus la veille, pour y continuer leurs opérations, Auguis, Lecointe-Puyraveau et Jard-Panvillier, à l'arrivée des fuyards, firent aussi tous leurs efforts pour les rallier et les faire retourner sur leurs pas, pour assurer la retraite à l'infanterie; mais leurs paroles furent inutiles. Ils prirent alors le parti de marcher avec les grenadiers de la convention, qui venaient d'arriver en cette ville, afin de s'opposer au moins au progrès des rebelles qui auraient pu profiter de la déroute de notre armée. Ils s'étaient occupés, en même temps, de toutes les mesures qu'ils pouvaient prendre pour la défense de la ville, et avaient expédié des réquisitoires dans tous les lieux et les départements voisins, pour avoir les secours les plus prompts. Ces précautions étaient d'autant plus utiles, qu'à l'exception de la cavalerie en entier, qu'ils avaient eu soin de faire arrêter, il n'est pas rentré à Niort plus de sept à huit cents hommes de notre armée. Le reste s'est, dit-on, replié sur Saint-Hermand, Marans et autres endroits, et il est probable qu'il en est déserté un grand nombre.

Nous nous sommes rassemblés ce matin avec les généraux et Macors, chef de brigade d'artillerie, homme fort intelligent et excellent citoyen, qui avait déjà fait tous les préparatifs nécessaires pour défendre les environs de Niort, en cas d'attaque. Nous nous sommes déterminés unanimement à nous défendre ici jusqu'à l'extrémité; mais comme nous avons trop peu de force pour protéger les dehors de la ville, les généraux on fait rester les postes avancés dans l'intérieur des murs. On pense que nous pouvons tenir trois jours. Dans ce cas il pourra nous venir des secours de différents endroits, et nous sauverons la république; car il est incontestable que si Niort tombait au pouvoir des rebelles, la Rochelle et Rochefort courraient les plus grands dangers, et qu'il serait extrêmement difficile de s'opposer à leurs progrès.

Nous avons déclaré la ville en état de siége; nous avons fait rassembler toutes les troupes sur la place, nous les avons haranguées; nous avons tâché de faire passer dans l'âme de tous les citoyens, le zèle dont nous sommes animés pour le salut de la république, et nous avons lieu de croire que nos discours ne seront pas sans effet. Ils ont été suivis de cris unanimes et répétés de *vive la république !* La gendarmerie nous a promis de reparer ses torts, *et déjà les plus braves sont venus dénoncer deux lâches auxquels on attribue la défection de tout le corps.*

On dit que nous serons attaqués demain matin. Comptez, citoyens nos collègues, que nous nous montrerons digne du peuple que nous représentons, et que nous donnerons exemple du courage et de l'énergie. Nous voyons avec plaisir que, malgré les dangers, les citoyens sont calmes, et nous sommes persuadés qu'ils feront bonne contenance. Les grenadiers de la convention montrent le plus grand zèle. Ils ont bivouaqué la nuit dernière sur le chemin de Fontenay. Leur présence inspire ici beaucoup de confiance.

Les représentants du peuple près l'armée des côtes de la Rochelle,

AUGUIS, Ph.-Ch.-Ai. GOUPILLEAU, GOUPILLEAU (de Fontenay), GARNIER (de Saintes), JARD-PANVILLIER, LECOINTE-PUYRAVEAU.

Papiers Goupilleau.

Nº X.

Extrait du Bulletin du tribunal révolutionnaire de Paris, du 23 vendémiaire, an III, nº 53, sixième partie.

« Des instructions du 29 mai, portent que tous les effets appartenants ci-devant à la nation, autres que ceux enlevés aux émigrés, aux ecclésiastiques ou autres français dépouillés à raison de leur attachement à la religion et à la royauté, qui restent dans des lieux publics et particuliers, devant être considérés, dès ce moment, comme appartenants au roi, sont mis sous la sauvegarde du conseil de cette ville, qui veillera pour en empêcher le pillage et la dilapidation. »

Nº XI.

Il a été volé hier dans l'écurie deux chevaux à la nommé Guerri, bordié, paroisse Lorbrie. Etant réconu pour vol manifeste, il sera puni par les verges jusqu'à mort, s'il ne sont pas rendu.

A Fontenay-le-comte, le 28 may 1793.

DE DOMMAIGNÉ, *colonel-général de la cavalerie.*

Textuel. — Ma collection.